JN411204

당신에게 봄

이명덕 시집

문학의전당 시인선
375

당신에게 봄

이명덕 시집

문학의전당

시인의 말

한없이 작고 남루하지만
두 손 모을 때마다
손끝을 타고 오는 전율이 있다.

당신이라는 인칭대명사에 다 담을 수 없는
너무 거대하고
아련한

섬광 같은,

그러니
나의 기도가 매일매일 뜨거울 수밖에……

2024년 2월
이명덕

차례

제2부

제3부

제4부

제1부

목자

무리는 온순하다
무리는 질서가 있고
질서를 지켜야만
명실상부 무리의 일부가 된다

혼자는 방향이 없다

무리는 말씀을 따르고
말씀은 뭉쳐서 움직인다

양 떼는 도움으로 자란다
넓은 풀밭으로 온순해지고
뒤집어지면 목자의 손길로 일어나는

지팡이 든 목자를 따르는
온순한 무리들

초록 발전소

도토리 한 알이
첫 쌍떡잎을 피워올립니다
새싹들이 딱딱한 햇살 뚫고
뾰족하게 돋아납니다
봄을 가동하는 초록의 발전소들이
힘차게 돌아갑니다

지구를 더 높이 더 멀리 돌리며
꽃 보라가 되는 제비꽃
전깃불 환해지듯 숲과 들판에 가득 찹니다
사람 머리로 돌리는 발전소엔
힘과 무력과 다그침이 있지만
식물들 발전소엔
순리와 섭리만 있을 뿐
숨결 소리 심장 소리 붙잡고
겨우내 쉬었던 두레박질을 준비합니다

꽃 피우려는 봄

초식동물들 배 불리는 봄
지구에 계절만 한 발전소가 있을까요
하루도 쉬지 않고 돌아
다시 하루를 만드는
우주에 지구만 한 발전소가 있을까요

눈이 밝습니다

갑자기 책이 어두워졌습니다
문자들이 6등성 별처럼 캄캄해졌습니다

목련의 조도(照度)
벚꽃 조도가 너무 밝습니다
잠시 눈을 감습니다
감은 눈이라고 어둡지 않습니다
내 안을 비추는 당신은
꽃들의 조도보다 더 밝게 빛나니까요

캄캄한 나에게 빛으로 쓰라고
길 잃은 양 한 마리 보내시어
흰 털을 등불로 밝히고
성심 다해 찾아내라 하시는
당신은, 봄날 창밖 같습니다

아무리 눈감아도
눈꺼풀 들추고 비쳐 나오는

눈 안의 빛임을

가끔 두 눈 질끈 감는 건
눈 속에 빛을 더 오래
간직하려는 것입니다

계절의 가르침

계절은 알고 있네
작은 제비꽃 한 송이부터
아름드리 느티나무까지
이해시키고 있네

쓴맛 신맛 단맛까지
다양한 맛을 가르치고
경칩이나 망종 무렵으로 불러들이는 절기들
첫눈 내리고 언 강이 풀리는 일들

어느 날엔 뒷산에 있던 굴참나무가
마당 근처까지 내려와
첫 싹을 틔우기도 했네

계절이 식물을 알고
식물도 계절을 이해하는데
사람들은 알지 못하는 어리석음이
많기도 하네

세상은 기한 없는
역사의 공사 중

세우고 부수는 세월의 반복
끝이 없네, 신의 권능은

돌 틈에 뜬 별

비 내리는 출근길에 보았어요
마치 압정처럼 꽂혀 있는 민들레 한 송이
낮고 낮은 곳에
척박하고 비천한 바닥을 꽉 잡고 있었어요
마치 자기 일에 여념이 없는
직업처럼 보였어요

돌고 도는 지구 따라
봄을 돌고 돌다가
이곳에 뜬 노란 별
원래 지구는 위아래가 없는 거라
바닥을 낮은 곳
공중을 높은 곳이라 하는 건
사실 틀린 말이에요

지구가 오늘은
바닥을 여기 내려놓고 갔지만
내일은 다른 곳으로 옮길 테니까요

별이 높은 곳에만 뜨란 법 있을까요

돌 틈에 뜬 별
별이 지면 홀씨 되어 푸,
후미진 땅끝까지 날아가
꽃을 나누려 피겠지요
봄을 전파하는 선교사 같아요

당신에게 봄

문득 넘어지고 싶어 비틀거릴 때가 있다
저문 봄 푸른 가지 끝
그때 넘어지는 곳이 수렁이라도 괜찮다
돌아 나오는 다급한 발끝에
늘 당신을 두니까

권속, 어느 이름에 동명으로 깃든다는 것
그 이름 부르면 부를수록
내 안에서 산처럼 쌓인다

당신에게 봄
당신의 계절만 가득해서

저물고 저문 봄이더라도
야윈 영혼에는 그득해진다
오늘 하루도 다급한 말끝에
당신을 둔다

따뜻한 꽃

내가 잘하는 일은
남들이 다 알고 있는 일
내가 못하는 일은
나만 알고 있는 일

그 못난 일들 끝엔
꼭 당신을 불렀던 기억이 있다

타인이라는 감옥에 갇힌 적 있다
머리 처박고 못나길 기다릴 때
당신이 나타나셨다
괜찮아 지금 그대로만 하면 돼
못난 일에
호호 생기를 불어넣어 주셨다

쉬지 않고 꽃이 피어났다
세상에서 가장 아름다운 꽃은
못난 일에서 핀 꽃들이었다

나를 재는 저울

나를 저울에 달아 본다
점점 무거워진다
밀린 기도가 하염없이 쌓였기 때문이다

어느 날은 함량 미달이 들키거나
부족함이 환히 드러난다

바늘도 숫자도 없이
정확히 저울질 되는 중량
"메네메네 데겔"*
하여 포갠 손끝에도 있고
눈감은 눈꺼풀에도 있다

천 번 묵상도
언제나 나를 활성화하는 큰 말씀도
무거운 적 없지만

한없이 가벼운 나의 언행

나태가 쌓인 두 발이 점점 무겁다

그 무거움으로

다리를 절게 한다

---

*세고 또 세었다, 달아보았다는 뜻. 곧 메네 메네 데겔 우바르신이라 메네는 하나님이 이미 왕의 나라의 시대를 세어서 그것을 끝나게 하셨다 함이요, 데겔은 왕을 저울에 달아 보니 부족함이 보였다 함이요.—다니엘서 5장 25절~27절.

겨자씨

가장 작고 가벼운 씨앗

코끝 찡하게 하고
혀끝 얼얼하게 하고
아둔한 나를 질책하는

탐닉하는 혀를 야단치고
슬픔 없는 눈에
몇 방울 눈물 맺히게 하는
겨자씨 한 알

낮과 밤을 거치며
땅과 햇살과 비바람 어우러진
언약의 선물

무한 사랑 길어 올리며
혀끝에 물음표를 틔워보라
나를 채근하는

신의 말씀 같은

겨자씨 한 알

터널은 끝이 있다

저기 저 긴 터널 끝에
작지만 희미한 빛이 보인다

어둡고 험한 길 뚫고 만든 길이니
어느 쪽이든 결심만 굳힌다면
기어이 나아가고 마는
그 어둠 앞엔 작고 동그란 빛이
환한 세상의 뚜껑인 양 빛나고 있으리니

포기하지 않고 묵묵히 걷는다면
누구나 마땅히 빛의 주인이 될 수 있다

회복은 상처에서 시작되고
희망은 고난에서 피어나니
우리,
슬픔과 분노를 아우르자

저 터널 끝에 당신이 있음을 안다

당신이 저 환한 끝을 여는
뚜껑임을 믿는다

소리를 찍다

나팔꽃의 하루는
길 가는 이들 우는 소리 웃는 소리
넘어지는 소리 듣고도 꾹 참는 일입니다
세상 모든 소리를 흉내 내어
무음(無音)의 악보를
저 높은 곳에 활짝 쓰는 일입니다

박자가 느려지는 노래에
현기증 나는 악보를 펼쳐두고
몸 구석구석 아픈 병을 탁본합니다
언젠가 넘어졌던 모서리가 나오고
멍든 대퇴부 타고 흐르는 빗소리를
어긋매낀 잎자루로 내 안의 봄날 찍어
몸 밖으로 송출합니다

모서리를 깎아내는 법
소리 없는 나팔이 되는 법
나팔꽃에서 배웁니다

메갈로케로스*

거대한 뿔은
덤불에 걸리기 쉽나니

아름다운 사람은
반드시 비대칭을 경계하라

너는 가질 수 있으나 나는 가질 수 없는 것
찾아야 하고 찾아서는
혹독한 다짐으로 섬기라

뿔이 거대할수록
그 속은 비어 있다

화려하고 웅장한 뿔은
풀꽃에 걸리게 되리라

---

*거대한 뿔을 가진 덩치가 큰 사슴. 플라이스토세 후기에 유라시아 대륙 전역에 퍼져 살았다.

납작한 중력

도다리는 납작한 중력을 산다

바닥은 한없이 무거워
그 바닥을 온몸으로 뛰며
아주 가볍고 흥겨운 춤을 춘다

도다리 눈에는
모든 것이 납작해 보인다
보호색과 가장 치열하다는
밑바닥을 부여받았다

그것이 죄인 줄 알았다
낮게 살라는 사명을
지긋지긋한 바닥이라고 여겼다
아무리 물이 말라도
흘리고 쏟아져도
끝까지 물이 남아 있는 곳인 줄 몰랐다

오만한 나에게
가난한 권세를 주신 신은
오늘도 하루하루를
납작하게 벌어먹게 하셨다

꽃의 약속

열매 맺는 계절을 찾아가
다시 태어나는 사람들
무수한 화환으로 찾아와 주었던
꽃송이들과 약속 지키기 위함일까
황망히 떠나느라
일일이 일별하지 못했노라고

창창한 날들을
지루하게 살 거라지만
철들고 철 잃는 시간이란
화무십일홍

끝없이 이어지는 꽃과 열매의 약속

그 약속 하나 지키려고
울면서 태어났다가
눈물의 배웅을 받는 것

태어날 때 울음 앞에 환히 웃었듯
죽을 때 슬피 우는 배웅 앞에서
꽃 지는 영혼으로

평화롭게 묵묵히

묵언수행

당신을 햇살 옆에 모셔놓고
그저 찡그리기만 하고
제대로 보지 못하나이다

어리석고 교만한 난시 때문인가요

당신은
두 손 모으게 하고
스스로 제 허물을 들여다보게 합니다

메마른 땅에
물을 주어 꽃피게 하고
손바닥 그늘에도
나비를 앉히라 합니다

모두를 돌아보라 합니다

제2부

유혹

유혹이란 얼마나 달콤한 날개인지요

옥수수 이삭 주워 먹는 동안
새들은 머뭇머뭇 주저함을 배웁니다
결국 혹한이 오고
살찐 철새들은
쉽게 날아오르지 못하지요

지상의 단물 앞에서
영적인 겨울 오는 줄 모르고
세상 나락으로 떨어지는 제 모습입니다

오래 머무르는 곳이
죽음의 근처인 셈이지요
누가 이 달콤함을 벗어날 수 있을까요

새는 날 때
눈동자를 아래로 향합니다

돌

뱃속에 굴러다니는 이 돌들은
어디서 굴러온 것일까
변기에 앉을 때마다
아랫배 속을 굴러 내려오는 돌
자꾸 허리를 숙이게 만드는
결석(結石)들

계곡의 자갈돌 같고
파도에 휩쓸리는 몽돌 같고
한여름 풀벌레들 같은
이 물줄기는 한때
수줍은 듯 청량하게 흘렀지만
지금은 아랫배에 고여 묵직하다

빛줄기가 들어가
돌을 부수고 치우지만
몸 곳곳을 향해
시간들은 자꾸 돌을 던진다

죄 없는 자들이 던진 돌 같은
내가 지은 죄에게
내 몸이 던지는 돌

한밤 변기 위
돌들이 똑똑 떨어지는 소리를
반성처럼 듣는다

목 디스크

오랫동안 무거운 추를
목에 걸고 살았다

그건 대답해야 할 일에
제대로 끄덕이지 않았거나
고개를 가로젓는 부정 또한
게을리했다는 뜻일 터

너는 목이 곧은 백성이라
너와 같이 살지 않겠노라

경추 뼈와 뼈 사이 추간판 사이를 빠져나와
목과 어깻죽지 찌릿찌릿 조이는 통증

죄는 전염성이 있어 성장하고 퍼져간다
매일 다른 얼굴로 오지만
그 얼굴 벗기면
나 먼저 앞세우려는 교만

단 하루도 같이 살 수 없다고
하나씩 끈질기게 부수신다
내버려두면 짐승이 될까 봐
시방 곧은 목에 균형을 맞추신다

용서

남이 쓴 시 암송하다
내 시 한 줄 외우지 못했습니다

남의 사는 얘기 귀 기울이다
내 사는 얘긴 꺼내지도 못했습니다

남 헤아리다 날 헤아리지 못하고
다른 이의 얘기로 나를 붙잡았습니다

남이 쓴 글에 정신없이 밑줄 긋다
정작 내 글엔 밑줄 하나 없습니다

거울 속 창문을 열면
허락도 없이 늙은 사람이 있습니다

나는 지금
늙은 사람을 용서하는 중입니다

세수

얼굴이 미끈거리는 건
넘치는 분(粉)으로 번들거렸던 흔적
찌든 외면과 냉소입니다
얼굴이 화끈거리도록 닦습니다
거품을 풀고
관대한 성품이 될 때까지
빛이 날 때까지 닦습니다
참회와 겸손과
눈감은 묵상을 세심하게 닦습니다
매일 표정을 닦고
세면대를 닦습니다
그나마 얼굴을 들고
뻔뻔하게 살아가는 건
세수(洗手) 때문입니다
그러다 가끔
배수구 속으로 빠져나가는 내가
보일 때도 있습니다

백지

잘못 쓴 글자 하나 때문에
온 여백을 구겨버린 일 있다
잘못 쓴 글자는 폭력이 된다

백지 위에 글을 쓸 때마다
글자에 무슨 오물이 묻진 않았는지
어떤 미움과 회초리가
들어 있지 않나 살피게 된다

잘못 쓴 글자 하나가
신(神)을 욕보일 수도 있음을

객관을 주관으로
오묘하게 말하지 말 일이다
완벽한 주관은 객관으로 통한다고
설득하려 하지 말 일이다

그리하여 빼곡하게 들어찬

나의 글자들이 아름답게 배열을 이룰

한 편의 시와

잠언들

생전장례식

어떤 회상은 뒤쪽에서
안 보이는 앞쪽이 되기도 한다

이 좁은 관은 오로지 나를 위한
잠의 거푸집이다
뒹굴 수도 없고 악몽도 없고
벌떡 일어나야 하는 다급한 시간도 없는

그 무엇도 이곳에 누우면 사라진다
무거운 빚도 애착들도

나를 벌떡 일어나게 하는 존재가
다름 아닌 나라는 것
나를 알려준 당신의 자애가
나 밖의 나, 내 안의 나를 알게 한다

살아서 죽음을 회상하는 일

내 처음이 어머니였다면
끝은 깊고 고요한 죽음이다
생의 어느 지점으로 돌아오는
따뜻한 이별

생전에 이미 다녀간 죽음은
한없이 온순하다

자가격리

혈압 141/108
맥박 87
체온 38.5
산소포화도 94

모든 일정과 약속이 미뤄진다

병이다, 하는 것들의 갈 곳은
오직 탐욕스런 사람 몸뿐

해열제를 삼키며 자중하라 자중하라
다독이는 일로도 벅차다

두어 평 넘지 않는 공간에
바이러스와 함께 산다
신과 함께 산다

뒤처진 영혼

날은 저물고

살얼음 낀 연못
얕아 보이지만 깊을 것 같아
자꾸 들여다본다

잔설 밟고 오른 바위에서 보니
조급히 지나온 발자욱들 지워져
미처 따라오지 못한 영혼이
길을 잃는다

틈나는 대로 쉬라는
장자의 말이 아니더라도

당신께 가는 길
눈길 미끄러지지 않고
느린 걸음과 발맞추며
쉬엄쉬엄 가면 안 될까요

손님들

은빛 물결이 찾아든
겨울 초입이었을 겁니다
순진한 이빨을 부추겼던
딱딱한 이름들
날카로운 악담과
다정한 정담들

그늘들이 의자로 보이는 때
지경은 점점 좁아지고
말끝은 기가 죽습니다
헐거운 동작들이 아무 때나 불쑥불쑥 튀어나오고
오르막을 자주 헛딛습니다
엄마도 할머니도 그랬었지요

지금,
느린 것들이 내게로 오고 있습니다

가늘게 흰 선을 남긴 여운들

회상들
들뜨던 기억들
주책들
자꾸 나를 찾아오는 손님들입니다

껌과 볼펜

가게 문 열자
당신은 껌을 팔고 가셨다

세속에 숨어 사는 중심을 살피러
가장 낮은 형색으로
껌을 팔고 가셨다

어느 날은 볼펜을 팔고 가셨다
한 자루 볼펜 잉크만큼
파란 신앙을 나눠주고
홀연히 문 열고 나가셨다

그런 날엔
세속의 이문에 조금이라도 축날까 봐
테이블마다 죄송하다고
머리 조아렸다
조아리면서도 당신에게는
친절하게 문까지 열어

짧은 배웅을 했다

내가 좋아하는 사람보다
싫어하는 사람 모습으로
굶주리고 목마른 달과 별들을
주렁주렁 달고
가끔 당신은
나에게 다녀가신다

금식

한 며칠 금식하면
세상이 맛있어 보입니다

어쩌다 식음 전폐한 지난날들도
알고 보면 감당을 넘어선
희망 같은 절망 비워내는 일
말미에 살아나는 불씨처럼
미음(米飮) 떠먹이는 일
힘 있는 음식부터 먹지 않는 것도
빈속을 위한 배려입니다

몸속 여분을 없애는 일
식탐 뒤 끝에 남는 살찐 힘의 자재들
꺼내놓고 마음가짐을 건축합니다
믿는 구석 깨끗이 비워내다 보면
헛헛한 속은 점점 쓰려오다가
이내 꼬르륵 소리까지 없어지고
텅 빈 벌판으로 고요해질 때가 옵니다

온갖 음식 이름과
맛들이 사라진 속은 묵언
낮은 힘의 소유자가 됩니다
힘없는 빈속의 존재들
그 이름들이 스스럼없이 다가옵니다

아무도 나를 무서워하지 않는
금식이 끝나면 또다시
힘없는 음식부터 먹습니다

흉을 정리하는 시간

묵상(默想)은 나의 서랍
감은 눈 속에
헝클어진 하루를 정리합니다

맑다 흐리다 다시 개는
갈피 잡을 수 없는 머리칼 같은 하루
더듬더듬 정돈합니다
버려지는 것을 등한시해선 안 됩니다
그것들이 묵상을
넓히고 반듯하게 합니다

흉(匈)이 비워진 곳에는
흥(興)이 가득 차니까요

기도는 참 넓은 곳
어떠한 회개(悔改)도 넣을 수 있습니다
죄를 미워하는 마음이
죄를 떠나는 일상으로 변화됩니다

자신의 흉을
스스로 정리해 비끄러매는 만큼
솔직한 시간도 없습니다
시간이란 못 믿을 순간들이지만
사실 가장 정직한
흔적을 남겨두고 갑니다

반성

기도는 거래가 아님을 압니다
가족이란 이름이 거래가 아닌 것처럼

달라고만 떼를 쓰는 오늘
여전히 탐욕스런 입술 내미는

빚만 늘어가는
기도

제3부

기도의 방식

이 비장한 일이
당신께 가는 가장 지름길인가요

눈 내린 아침 산책길에
나보다 먼저 걸어간 짐승의 시린 발자국
어느 지점에서 발자국은 숲으로 가고
나는 큰길로 나와
사람 발자국과 섞였습니다

당신의 일정을 따라온 나와
숲을 신으로 믿는 짐승이 행하는
같은 기도의 방식일까요

지극히 작은 제가
당신의 끝없는 선하심에 기대는 일인데

무응답에도 불구하고
당신께 가는 가장 치열한 길인가요

돌탑 쌓기

마지막 올려놓은 돌은
차곡차곡 쌓인 밑을 받침으로 두기보다
허공
그 허공에 뛰어든
중심이겠지요

그쯤을 허락한다는
윤허(允許) 같은 것

맨 위에 놓인 위태로운 돌
세찬 바람과 흔들리는 지축과도
쉬지 않고 합의를 보라는
가파른 중재겠지요

바람은 바람대로
돌은 돌대로
흔들려도 서로 물들며
허물어지지 말라는

따끔한 가르침이겠지요

허공을 떠받치는
무수한 받침들의 간절한 기도
그것을 허락한 입김과 뜻이겠지요

긴츠기

금이 간 곳을
금으로 메꾸어 만든 자기를 본다
몇천 년 전 시간이 잠들어 있는
지층 속, 반짝이는 금맥들이
긴 어둠의 지하에 박혀 있듯

깨진 도자기 접합하여
본래보다 더 가치 있게 만든 긴츠기*

실금 하나가 스며든 찻잔
실금에 금을 입혀 수리한 일은
낡은 것을 더 값진 시간으로 예우하는 일

깨지고 금 간 자기를
한 줄기 빛으로 빚어
걸작으로 만드는

실수투성이 사람들도

빛나는 한 줄기 기회가 있다

깨진 토기 같은 인생들
삼각파도(三角波濤)에 부서진 삶이라도
금 그릇으로 빚어지는 것을

*15세기경 일본의 쇼군이었던 아시카가 요시마사가 자신이 좋아하던 다완이 깨지자 공예가들에게 맡겼고, 깨진 조각들을 접합하고 그 선을 따라 옻칠이나 금박을 입히는 긴츠기가 처음 시작되었다. 나중엔 긴츠기로 보수한 것이 훨씬 값이 나갔다고 한다.

기도의 힘

기도는 어디에 있습니까?

어느 밤 폭풍우에 바닥을 치고
메타세쿼이아 그늘 웅크린 잠 속에
아름다운 기도가 있나요

고난은 축복의 통로라 했나요
당신은 고난 끝에 늦지도 빠르지도 않게
대답을 놓아줍니다

사랑은 겸손하면서도 오만한 것이어서
두 손끝에 고귀함 두고
고개 숙이게 하나니
고통도 신도 기도도 모두
제 무게를 이기지 못한
나무 아래 모은 두 손에 있나니

기도는

왼손과 오른손이

서로 껴안는 일입니다

감사한 것들

탐하는 건 안 주시고
필요한 것 주심에 감사

밥풀처럼 쏟아놓는 말도
귀 기울여 주셔서 감사

오르락내리락 감정 기복들
붙잡아 주시니 감사

사랑할 수 있는 사람들
이웃으로 주심에 감사

날마다 감사함을
주심에 감사

시인이기보다
시인의 가슴으로 살게 하심에 감사

껍질

이것은
배고픈 입들을 위해 탈의한
누군가의
가벼운 뒷모습

설익은 알곡을
옹글게 익어가게 하고
겨울 추위에
가축들 잠자리가 되고
되새김질로
누군가의 배를 불린

이것은
가장 늦게까지
고단한 삶의 자리 덥히는
사랑의 실천

고마운 구속

아무것도 모르고 있었지만

아직 나이를 갖지 못했을 때부터
막 태어난 순간까지
그 이후로도 쭉
잘난 것 못난 것 헤아리고 있었다

어느 것 하나 놓치지 않고
세고 또 세는 숫자에
속수무책 끌려갔다
끌려왔다

하지만 더 이상 세지 않는다면
살아 있는 숫자들로부터
순간 잊혔거나
버림받았다는 뜻

아직 세상 숫자에

끌려가거나 끌려다니고 있다는 건

참 고마운 구속이다

바이러스

한겨울 눈 위에 발자국들
왜 일정한 간격을 두고 있는지
개울 돌다리들은 왜 저마다의 간격인지
가로수들은 왜 저리 가지런한
사이를 두고 서 있는지

질서 없이 섞인 세상
가지런히 정돈하기 위해
하늘은 질병을 보내시는가

사람이라는 바이러스
말끝에 묻어 말로 넘어가는
서로가 서로의 취약 지점 파고들어
아픔과 고통을 배양하는 병

왜 숨죽여 잠잠하라 하셨는지
외면하지 말고 묵묵히 바라보라 하셨는지

나무를 닮고 돌다리를 닮고
가로수들 간격을 배우라 하신다
잠시 흐트러진 세상을
정리하라 하신다

쭉정이

인내하지 않은 게 아니다
한 계절을 양보했을 뿐

늦은 비 맞고 여물 때
더 알찬 알곡들에
질량을 몰아주고 홀가분해진 몸

그 옛날
어머니 키질 끝에서
바람보다 더 가볍게 푸드득 날아가던
새의 깃털 닮은

물에 담그면
물 위에 둥둥 뜨고
항상 가벼운 바람 쪽으로
몰려다니던 쭉정이들

훗날 신이 부르시면

가장 먼저 달려 나가
완수한 양보의 사명을
당당히 진술하리라

꼬투리 속 빈 곳 채우며
완충 역할을 한
열매의 이웃들이라고

늙은 호박

꽁꽁 문 걸어 잠그고
서리 맞은 호박

눈을 열어 보게 하십시오

겨울 넘기는 처세와 지혜들
온전히 꼭지 하나로 지탱하고 있습니다
단단하게 들어찬 서릿발은
썩는 것 따윈 더불어 들이지 않습니다

귀를 열어 듣게 하십시오

가만 귀를 대면 무수한 씨앗들이
젖 빠는 소리 들립니다

보셔요
단련되고 복된
늙은 모성을!

달항아리

어찌 보면 얼굴이 곱고 어찌 보면 무릎이 곱고
—허윤정, 「백자 항아리」 부분

누군가 눈빛 곱다
얼굴 곱다
뛰박질하는 무릎 곱다고도 하지만
어느 것 하나도
내 것이 아닙니다

불의 다스림 받지 못한
작고 일그러진 항아리일 뿐
달이 부럽기만 합니다

물속에 항아리가 잠기네요
내 허물들 안고 같이 잠기오니
내 안 씻으시어
차고 넘치게 하소서

쌓아놓은 단어들

야금야금
쌓아놓은 단어들을 빼먹으며
참 배부르게 살았다
허락받은 기도를 축내면서
잘도 살았다

기도하는 손끝에
순종을 모셔놓고 아슬아슬 지켰다
세례받은 말들로
타인의 죄 사함과
안식을 빌었다

허물어진 단어들 속에서
아직 쓸 만한 말들
부서지지 않은 보석들 골라내어
씻고 닦고 하였다

가장 남루한 말이

가장 진솔한
밥이 되는 걸 알았다

함부로 버린 말들이
가장 힘이 세다는 걸
너무 늦게 알았다

양손 저울

비슷한 무게 양손에 들고
무겁고 가벼움을 저울질할 때
당신은 분명
내 양손 중 한 손이 내려놓은
그 무게에 계십니다

위에서 임하시어
모난 곳 쓰다듬는 손
그 손 못 자국에서 흐르는 피로
다듬는 마음을 이미 진즉 다 받고도
모르고 있었네요

극과 극을 본보기로 세우시어
비교가 아닌
손해와 이익을 두고
공평하라는 뜻이겠지요

손은 마음이 행하여지는 곳

양손이 아닌
반드시 한 손으로 할 수 있는 일
해야만 하는 일이 있음을
새삼 알게 됩니다

낮고 가볍고 모난 쪽을 편애하라
하나의 마음을
양손에 쥐라는 말씀이
세상을 향한 통로를 열어 줍니다

알곡

소명을 골똘하게 이뤄낸
착한 태생들이다

폭염과 장마와
늦가을 첫서리까지 겪은

인간을 통해 이루어질
내일이라는 신의 약속 같은 것

기름진 밭이든
황폐한 밭이든
누군가를 들뜨게 한다

제4부

내 영혼의 순례지

오체투지 하는 순례객에게
필요한 여비는
신앙심 하나면 족하단다

얼마나 오래 땅바닥을 끌고 다녔는지
이마에 피딱지 같은
검은 달이 떴다

내 영혼의 순례지는
두꺼운 성경
눈 감고도 찾아가는 서(書)의 묵상(默想)

성경 한 권이 나에게는
순례의 여비다

대장간의 성자

쇠붙이에서 돋은 파란 별들이
은하를 이룬다

물과 불을 불화시켜
물과 불을 화해시켜
단단한 쇠의 날을 세운다

강한 것을 연하게 하는 방법과
연한 끝에서 파랗게 서는 날은
다 물과 불의 일임을
대장장이는 알고 있다

몇십 년을 꽝꽝 맞아온
모루도 그와 같다
모루를 때리던 망치도 쇠도 닳았지만
여전히 남아서 지금도 매를 맞고 있다

오랜 매를 맞아온 모루의 처지는

어떤 성자와도 견줄 만하다
보잘것없고 쓸모없는 쇠로
쟁기와 칼을 만들었으니

아주 오래된 대장간에서
쇠가 말랑해지는 것 지켜보았다

석고 주먹

알지네이트*가 담긴 종이컵에
주먹을 넣고 굳어갈 무렵
조금씩 움직여가며
살짝 빼낸다

계절과 절망과 환희가 들어 있는 손
혹사시켜 미안한 손
석고 팩에 넣고 굳을 때를 기다리는 일
그 의지의 이력을 잘 기억해 내는
석고의 꽉 쥔 기억력
사람 몸에서
유일하게 접히고 모아 쥘 수 있는

분노와 의지, 모순에 시달려온
주먹은 희고 깨끗하다
주먹 쥐는 일
바깥 관절을 안쪽으로
모아들여 꽉 쥐는 일이다

이 손으로 해보고 싶은 건 무엇
힘주어 쥐고 있는 건 무엇
아직도 채우고 싶은 건 무엇인지
새삼 오늘도 묻는다

물렁물렁한 나를
흩어지려는 나를
점점 바깥을 기웃거리는 나를
꽉 쥐고 있다

---

*알지네이트: 해조류에서 추출한 천연폴리머. 치과인상재, 화장품, 식품 등에 활용된다.

열두 색

저에게 딱 열두 색
크레파스를 주신다면 좋겠습니다
온갖 색색들이 넘쳐나는
꽃들을 흉내 내거나 질투하고
몇 가지 색을 섞어 화를 내거나
슬퍼할 수도 있습니다

열두 색이면 충분할 것 같은데
아주 섬세하거나 예민한 색은
과수원마다 넘쳐나는 배꽃이나
사과꽃들에게서 조금 빌려오면 됩니다

아무리 골고루 쓴다 해도
꼭 모자라거나 남아도는 색깔이 있어
크레파스 곽 속엔 길고 짧은
몽당의 슬픔과 괴로움이
나란히 누워 있습니다

색을 주관하는 이여
아주 작은 몽당이라도 가르침을 주신다면
그 몽당으로 길고 긴
영광을 잇도록 하겠습니다

왼손의 발견

오른손 인대를 다쳐
팔목까지 깁스

잠시 오른쪽 기록들을
왼쪽으로 미루어 두기로 했다

왼손에게 맡겨진 것들은
삐뚤삐뚤 서툴렀다
서툴렀지만 정성스럽고
조심스러웠다

반성문 같은 내 왼쪽의 것들

그러나 이상하게
아무것도 하지 않는 오른손이
멀쩡한 왼손보다
더 불편해했다

벤엘로 가자

나의 나 됨을 가지고 나아가자

아름다움을 드러내려 온몸에 두르던
반지 팔찌 귀걸이 목걸이들
화려하게 쓰고자 하는 이력서조차도
장신구였으니

선망과 시기 질투는 얼마나 무거운가

내가 무슨 일을 하든 어디에 살든
나라는 걸 굳이 증명할 필요가 있나
출생한 것만으로 증명서인데

모두 무거운 장신구들 때문이다
훔쳐 갈 것 없는 사람이 되자
시빗거리 없는 사람이 되자

벤엘로 가자

동주공제(同舟共濟)

열한 명이 탈 수 있는 배에는
한 명분 속력부터
열한 명분 속력까지 있지요

한 개의 의미부터
열한 개의 의미를 주시고
평균 속력으로 일정 시간 동안
긴 거리를 힘 합쳐가며
뒤로 뒤로 역경을 흘려보내라고
각자에게 맞는 노를 주셨지요

그러나 당신 세상엔
한 사람 몫이 부족하니
그것을 사람 관계라 하고
빈 곳 채우는 역할을
당신은 기꺼이 자처하시니

순풍은 뒤에서 밀고

믿음은 부푼 돛처럼 불룩하네요
보세요 열한 명이
한 사람에게로 모여들어
정직한 순항이 되는 것을

감히 당신이 젓는 노는 굳건하고
오히려 물이 닳았음을

떨기나무

하루하루 똑같은 색깔
똑같은 밝기 같으나
어느 날은 파란색이 모자라는 날
어떤 날은 붉은색이 모자라는 날

모자람이 소리를 낼 때
초록 덤불이 등불처럼 뭉쳐지고
그때마다 얼마나 큰불을
작은 불씨로 일으키시는가

불붙은 나무는 사라지지 않았다지
살아 있는 불길이
황량하고 척박한 사막을
소명의 불로 밝히고 있었다지

가난과 고난을 동병상련으로 보여주며
여호와의 천사로 찾아와
떨기나무 아래서 떨, 떨, 떨고 있는

붉고 향기 나는 따가운 나무 사이
불꽃으로 계시는 당신
제게도 그 음성 듣게 하소서
얼굴 한번 뵙게 하소서

신성한 곳은 지금 서 있는 자리라고
모자라는 초록이 되었다가 흰 꽃을 피웠다가
힘겨운 그 자리
증거하는 떨기나무

학희(學喜)를 그리며

친구야 나 먼저 간다

지상의 울음들 뒤로한 채
더 늙지 않는 천국으로 갔다

영혼을 찢으며 내동댕이칠 때면
산다는 건 선물이라며
달콤한 사탕 봉지 쏟아부어 주던

학처럼 연약해 보이지만
인애와 지혜로 향기 넘치던

시가 고이지 않아 낙망할 때면
곧잘 시를 찾아 주던

온갖 흠 꽃술로 닦아주며
시의 지평이 넓어지길 기도해 주던

한 영혼이 얼마나 귀한지
빈자리로 새겨지는 이 아침

땅과 하늘 잇는 다리를 놓으셔서
기도의 첫마디와 끝마디로
만나게 하소서

청지기

파송(派送)

이곳은 발효가 넘치는 곳
그 옛날 그가 옮겨 부은 맹물이
그윽한 포도주가 되는 곳

입술로만 부르심 받고
소명에 숱하게 흔들리던 내가
어쩌다 이곳에 파송되었을까
취한 말[言]을 돌보게 되었을까
일생의 역할은 모두
원죄에서 온다는데
아무리 생각해도 떠오르지 않고

일꾼으로 불러주신 일터에서
홍겨움의 선교
소통의 선교
해소(解消)의 선교로 바쁘다

그러니 당신께서는
나를 가득 채우지 마시라
늘 허덕이게 하고
무지한 뒤를 두어
자꾸 돌아보게 하시라

포플러의 말

바람의 말은
주변을 일으켜 명사와 동사로 씁니다
열매 키워 마침표로 쓰고
새잎 틔워 쉼표로 씁니다

포플러는 나무들 선생
바람을 불러오지요
꽃바람 펄럭이는 바람
간지러운 바람 사나운 바람
크고 작은 다국적 사람들 만지고 가는
바람의 교과서가 됩니다

바람이라고 다 똑같은 바람 아니지요
일정한 간격으로 서 있는
실존의 바람
온갖 불량한 바람도
이파리에 불러들여 길들여 훈육하여
온순하게 돌려보냅니다

우리는 작은 산소 공장
지구의 공기청정기가 되고
새들의 이웃이 됩니다

큰 말과 작은 말

크나큰 말을 듣고도
남아도는 마음 있다면
아주 작은 말 듣고도
모자라는 마음이 있다

말의 크기와 높이
말의 넓이와 깊이가
어찌 마음을 비우고 채울 수 있을까
큰마음이면
작은 말 들어도 넉넉하고
작은 마음엔
큰 말도 휑하니 비어 있을 텐데

반듯한 말을
비스듬히 꽂아두는 마음 책장 있어
닳고 닳도록 뒤적이지만
아무리 좋고 두꺼운 책도
한 권으로는 반듯하게 세워둘 수 없다

큰 말을 꾸짖는 작은 말
작은 말을 받치는 큰 말
어떤 말이든 혼자 쓰는 말은 없다

축제

사람이 모이면 축제가 된다

축제엔 축배가 있고
축배는 목을 타고 넘어가
흥겨운 춤이 된다

함께한 이름 세우고
여차하면 그 이름을 허물 수 있다
이름 세우고 허무는 일도
같이하면 축제가 될 수 있다

우리는 축제를 거쳐 온 사람들
서로 축복하며 응원하며
여기까지 온 사람들

함께 포도원을 일구고
포도주를 빚을

해설

내면에 머물지 않는 담대한 실천성

김효숙(문학평론가)

이명덕 시인은 인간의 신비를 참혹하게 벗겨내는 과학주의가 주도하는 이 시대에 휴머니즘을 사유한다. 일반적인 시 문법을 따르지 않고 세속의 파토스를 초월하여 로고스를 지향한다. 문학적 자유와 종교적 구속 차원에서만 보더라도 양자는 무난히 조화를 이룰 수 있는 것이 아니다. 이 시집은 우리가 어느새 잃어버린 인간성을 일깨우고, 절대 진리와 파토스 간 모순이 필연인데도 시문학과 신앙은 서로 의존하는 것처럼 보인다.

최근 들어 더욱 막강해진 과학주의를 신뢰하는 이들은 증명할 수 없는 신의 존재를 배격한다. 같은 맥락에서 신의 형상대로 빚었다는 인간을 중심으로 사유하는 방식도 부정하기 십상이다. 하지만 이명덕 시인은 인격이 낱낱이 해체되기 이전의 온전한 인간성을 사유한다. 자연주의·물질주의·과학주의가 급부상하면서 인간중심 사유가 힘을 잃어가는 시대에 인간다움을 묵상하면서 실존재가 지녀야 할 덕목들을 일깨운다. 그런 이유이겠지만 시인이 '당신'을 찾는 목소리는 인류가 추구해 온 보편적 인간성 회복이나 어떤 갈망들과 깊이 연관된다. 큰타자(Other)로서 '당신'은 화자와 동일시할 수 없는 초월자다. '신'으로 특수화된 타자이며, 화자와 또 다른 타자 간 관계를 매개하는 상징질서이기도 하다.

이런 점이 한편으로는 정신과 영혼의 문제로, 다른 한편으로는 현세적 삶에 필요한 지혜를 구하는 언어로 나타난다. 앞의 경우에는 신앙인의 자의식을 숨길 수 없는 시인 또는 화자의 목소리를 들을 수 있다. 뒤의 경우에는 단 일회적 삶을 허락받은 현세에서 공통체 안에서의 안정·평화를 염원하는 마음이 읽힌다. 그런데 이 모두를 기독교 문학의 범주에서 조망해 보면 시인이 크리스천이냐 화자가 크리스천이냐는 점은 별개의 문제다. 시인=화자=크리스천의 관계항, 시인≠화자≠크리스천의 관계항은 엄연히 다른 세계를 지니는 까닭이다. 하여 이 시집을 앞의 관계항으로 읽는 것은 시인의 상상력이 시종 성경에 기반한다는 데 그 이유가 있다. 설령 시인과 화자가 불일치한다 하더라도 시문학을 통한 실천성이 성경에 기반한다는 점만은 명백한 시집이다. 이러한 추정은 성경을 문학

작품으로 읽는 독자도 있을 수 있으므로 충분히 가능한 것이다.

하여 이명덕 시인과 시의 화자가 일치한다면 이 시집은 신앙시집이다. 시인은 신과의 만남을 갈망하면서 묵상과 기도의 언어로 화자의 입을 빌려 말하고 있다. 물질 욕망이 비등하는 삶을 당연시하는 세계에서 우리가 복원해야 할 영혼과 정신의 세계를 제시하면서 내세보다는 현세의 삶을 성찰한다. 하루의 생계를 위해 최선을 다할 뿐만 아니라 가장 낮은 곳에 임하는 것을 부끄러워하지 않고 담대하게 현실을 대면하는 자세, 그러면서 영혼의 순수성과 평안을 말한다는 점에서 시인의 언어는 그대로 잠언시라 할 수 있다.

시와 잠언 사이에서

이 시집에 실린 시들은 화자의 마음 깊은 곳에서 우러나온 기도의 언어다. 이를 이해하기 위해 신약 성경을 근간으로 기독교 문학사를 일별할 필요가 있다. 성경 기반의 문학사가 약 2,000년간 이어져 오는 동안 이만한 스테디셀러도 없었다. 그중 시편과 잠언의 상징·비유법은 서양 문학뿐만 아니라 현대시에서도 여전히 유효한 미학적 운용 방식이다. 정신과 물질 간 관계를 첨예하게 다룬다는 점에서도 시와 종교의 사유

범위는 겹친다. 하지만 방법적 차이와 목적의식의 차이 때문에 시와 종교 정신은 본질적으로 다른 갈래에 놓이게 된다. 종교는 규범의 양식이지만 문학은 그로부터 자유를 꾀하는 발화라는 점에서 그러하다.

시인-신앙인은 왜, 무엇을 위하여 시를 쓰는가. 시인이면서 신앙인이라는 모순 때문에 세속의 언어와 시언어 간 충돌이 일어날 것임이 자명한데도 이명덕 시인이 추구하는 진선미는 변함이 없다. 휴머니즘 기반의 공동체 윤리 중에서도 순종·영혼·구원·박애·회개·구휼·평등사상 등 성경에 기반한 실천 요소들이 그것이다. 시인이 쓴 것처럼 시인-신앙인의 윤리는 "잘못 쓴 글자 하나가/신(神)을 욕보일 수도 있"(「백지」)다고 보고 언어 과잉을 경계하는 데서도 확인된다. 이는 말과 글의 아름다운 "배열"을 훼손하지 않으려는 의지를 반영하며, 시를 단지 미학적 기능으로만 여기지 않고 실천의 가능성을 열어 놓는 기도의 형식임을 일깨운다. 이렇게 순연한 윤리 감각에서 비롯된 이 시집의 언어는 신앙과 거리를 둔 누군가에게는 모호하고 관념적으로 읽힐지도 모른다.

잘못 쓴 글자 하나 때문에
온 여백을 구겨버린 일 있다
잘못 쓴 글자는 폭력이 된다

백지 위에 글을 쓸 때마다
글자에 무슨 오물이 묻진 않았는지
어떤 미움과 회초리가
들어 있지 않나 살피게 된다

잘못 쓴 글자 하나가
신(神)을 욕보일 수도 있음을

객관을 주관으로
오묘하게 말하지 말 일이다
완벽한 주관은 객관으로 통한다고
설득하려 하지 말 일이다

그리하여 빼곡하게 들어찬
나의 글자들이 아름답게 배열을 이룰
한 편의 시와
잠언들

—「백지」 전문

시인은 진리의 말인 큰 말만으로는 이 세계와 인간의 삶을 다 표현할 수 없다고 본다. 같은 이치로 세속의 말인 작은 말만으로는 로고스에 도달하기 어려우므로 큰 말과 작은 말은

언제나 서로를 불러들이는 언어라고 생각한다. "크나큰 말"과 "아주 작은 말"(「큰 말과 작은 말」)의 불화와 갈등을 수시로 경험하는 그이지만 어느 한쪽의 지배적 지위를 말하지는 않는다. 위의 시는 사람이 그러하듯 언어도 인접한 언어들과의 관계 안에서 그 의미가 순차적으로 드러나는 이치를 일깨운다. 부족하거나 과잉인 언어, 객관의 주관화나 주관의 객관화도 경계해야 한다고 보면서 객관만으로도 주관만으로도 온전한 진리의 언어는 될 수 없음을 전한다.

아도르노도 사유했듯이 객관성은 "논쟁의 여지가 없는 측면, 아무런 질문 없이 수락된 현상의 인상, 분류된 데이터로 이루어진 현상의 앞면, 즉 본래는 주관적인 것"[1]이다. 이는 객관이 진리가 되는 시발점에 주관이 있기 때문에 객관만으로도 주관만으로도 진리가 될 수 없다는 역설에 가깝다. 마찬가지로 시인도 신앙에 구속된 역사를 쓰면서 온갖 모순들을 감당해 내고 있다. 그럴 때 목적적 글쓰기가 될 소지가 있으나 그것은 어디까지나 그가 신앙의 증인으로서 그 일을 하는 것이다. 신앙인의 윤리와 시인의 자유 사이에 모순이 발생할수록 시인-신앙인의 균형 감각은 잠언의 형식으로 나타난다. 문학에도 신앙에도 무성의하지 않은 가운데 신앙의 가치를 언어

---

1) 테오도르 아도르노, 김유동 옮김, 『미니마 모랄리아』, 도서출판 길, 2021(제1판 제2쇄), 99쪽.

예술로 승화한다. 인류가 아름답다 여겨 온 보편적인 미덕들, 즉 믿음·겸손·사랑·순종·진리야말로 휴머니즘 회복의 처음이자 최종의 윤리라는 사실을 전한다.

거대한 뿔은
덤불에 걸리기 쉽나니

아름다운 사람은
반드시 비대칭을 경계하라

너는 가질 수 있으나 나는 가질 수 없는 것
찾아야 하고 찾아서는
혹독한 다짐으로 섬기라

뿔이 거대할수록
그 속은 비어 있다

화려하고 웅장한 뿔은
풀꽃에 걸리게 되리라

—「메갈로케로스」 전문

이 시는 완전미를 유지하는 일의 어려움을 말하면서 외양으로 판단하는 아름다움의 가치들이 실상은 실속이 없는 것임을 시사한다. 화자가 경계하는 것은 거대함·화려함·웅장함, 그리고 비대칭이다. 추진력과 힘의 상징인 "거대한 뿔"에 비하면 "풀꽃"은 미약하지만 그는 작고 보잘것없는 미물에 가없는 마음을 기울인다. 이것이 "혹독한 다짐"과 섬김을 권유하는 데로 이어지는 것으로 보아 화자는 지금 자신이 섬길 대상을 찾는 과정에 있다. 하지만 상대를 섬긴다는 것은 자신을 낮추는 일이기에, 스스로 높아진 자는 낮아질 것이나 타자를 섬기며 낮아진 자는 결코 낮은 곳에 처하지 않는다는 역설이 발생한다.

이러듯 이명덕의 시는 우리가 잃어버린 진선미를 환기하면서 그것을 물질이 아닌 정신과 영혼의 문제로 돌려놓는다. 공동체적 삶과 가족 개념을 중시했던 사회에서는 위계에 의한 섬김이 일반적이었으나, 가족 개념이 비인간 주체들까지로 확장하는 현시대에는 타자를 섬기는 주체가 반드시 그러한 위계관계에서의 하위 주체만은 아니다. 타자 섬기기는 계급의 문제가 아닌 마음의 문제이며 이때 마음은 인간이 인간에게 기울이는 휴머니즘에 기반한다. 타자에게 기울이는 인간애가 인류를 구원한다는 인식은 섬김의 마음에서 출발한다. 시인은 계급으로 정해진 섬김의 위계를 부수고 그 누구도 예외 없이 섬김의 대상일 수 있음을 보여준다.

'당신'과 동행한다는 것의 의미

이 시집에서 당신의 정체는 다양한 비유법과 미학적 원리를 따라 제시된다. 화자의 내적인 고백이 향하는 곳도, 현세의 삶을 영위하기 위해 구하는 지혜도 당신이 있기에 가능하다. 당신은 화자의 삶에 관여하여 영향력을 끼치고, 양의 무리로 비유하는 "권속"들에게 "말씀"을 선포하여 온순함과 질서를 조성한다. 그는 "지팡이를 든 목자"(「목자」)로서 "내 안을 비추는 당신"(「눈이 밝습니다」)이며, 언제라도 화자의 "다급한 발끝"과 "다급한 말끝"(「당신에게 봄」)을 돌보는 존재, "끝없는 선하심"(「기도의 방식」)을 베푸는 이다. 세속에서는 당신의 죽음을 말하지만 이명덕 시인의 발화는 당신의 죽음 위에서는 성립하지 않는다. 당신은 예술을 유희로 보는 예술지상주의자들에게서는 배격되지만 지금 이 순간 틀림없이 살아 있는 목자, 당신이 돌보는 양의 무리 중 하나인 화자에게 삶의 인도자다. 순종·순명·구속 같은 어휘들은 세속에서 하위 주체의 비자율적인 삶과 비견되지만 이 시집에서는 당신이 주재하는 삶에서 안전과 평화와 질서를 조성하는 능력의 소산이다. 따라서 당신이 있기에 존재하는 규범 안에서 순종과 순명의 삶을 택한 이들이 양의 무리이며 이들은 당신의 품에서 이탈하는 일을 불순종으로 여긴다.

보잘것없고 쓸모없는 쇠로
쟁기와 칼을 만들었으니

아주 오래된 대장간에서
쇠가 말랑해지는 것 지켜보았다

—「대장간의 성자」 부분

이 시는 연단을 거치는 동안에 고통을 체험하면서 점차 단련되는 영혼의 문제를 다룬다. 대장장이인 아버지가 쇠를 길들이는 것을 지켜보며 "성자"로 성장하게 된 당신은 본래 "보잘것없고 쓸모없는 쇠"였으나 연단을 거쳐 공생애로 진입한 '사람의 아들'이다. 이 시에서 연단은 "물과 불의 일"로, "쟁기와 칼"의 탄생은 성자의 탄생으로 비유된다. 사람의 아들로 태어난 일이 첫 번째 탄생이라면, 공생애의 삶을 위한 거듭남은 두 번째 탄생이다. 화자에게 현세의 삶은 그를 닮아가고자 하는 고투와 같고, 그의 영혼과 정신에 접맥된 화자는 오롯한 순명의 마음을 견지하고자 한다. 3년이라는 짧은 공생애에 몸소 실천한 지고한 정신을 닮아가려는 화자의 내적인 삶을 기록한 시들이 이 시집을 이루고 있다.

성자로서의 삶이 사회적 계급과 무관하게 비천한 사람들을 위한 공생애였다는 점에서 위의 시는 사전적 의미를 넘어선 성자의 면모를 생각게 한다. 성자와 종교적 초월자를 일치시

키는 명명은 매우 관념적이지만 성자의 삶과 그 실천성을 눈여겨본다면 생각이 달라진다. 그는 세상의 모든 낮은 곳에 마음을 둔 인격체로서 자신을 낮추어 타자를 드높인다. “무거운 추를/목에 걸고” 살아온 자에게 “너는 목이 곧은 백성”(「목 디스크」)이라며 교만을 일깨우고, “하나의 마음을 양손에 쥐라”(「양손 저울」)며 형평성을 가르치기도 하는 성자다.

열한 명이 탈 수 있는 배에는
한 명분 속력부터
열한 명분 속력까지 있지요

한 개의 의미부터
열한 개의 의미를 주시고
평균 속력으로 일정 시간 동안
긴 거리를 힘 합쳐가며
뒤로 뒤로 역경을 흘려보내라고
각자에게 맞는 노를 주셨지요

그러나 당신 세상엔
한 사람 몫이 부족하니
그것을 사람 관계라 하고
빈 곳 채우는 역할을

당신은 기꺼이 자처하시니

순풍은 뒤에서 밀고
믿음은 부푼 돛처럼 불룩하네요
보세요 열한 명이
한 사람에게로 모여들어
정직한 순항이 되는 것을

감히 당신이 젓는 노는 굳건하고
오히려 물이 닳았음을

—「동주공제(同舟共濟)」 전문

시인은 신앙(인)을 풍자·비판하기보다 신의 죽음과 부재를 당연시하는 사고로는 도달할 수 없는 정신세계를 열어나간다. '지혜의 문학'인 성경의 윤리를 시화하여 당신이라는 성자, 양의 무리를 이끄는 목자의 실천적 사랑과 섬김의 자세를 삶의 본보기로 삼는다. 동시대를 사는 이들과 같은 배를 타고 거센 물살을 헤쳐가는 듯한 삶에서 당신은 "한 사람 몫이 부족"한 부분을 채워주기도 하고, 때로는 무리를 인도하는 자리에 있기도 하다.

낮은 곳에 임하는 사람

이명덕의 시는 인간 삶의 문제를 신앙의 구경에서 사유하고 실천하는 방식을 다룬다. 하루를 묵상과 기도로 시작하는 데에는 새로운 날을 허락해 준 데 대한 감사의 마음이 담겨 있다. 절대자를 묵상 중에 만나 정결한 마음과 지혜를 구하고, 세속에서 오염된 영혼을 성찰하면서 신앙의 순수성을 지키고자 한다. 하루를 살아가는 데 필요한 지혜를 구하면서 때로는 풀리지 않는 문제에 대하여 절대자에게 질문도 하지만 무엇보다 자기 내면의 목소리를 경청하는 일을 게을리하지 않는다. 신앙인은 모든 답을 신에게서만 찾지는 않으며, 자신이 행하는 일들을 통하여 답을 찾아 나가게 되고 이것을 기도의 진정한 의미로 여기기도 한다. 무엇보다 "기도는 거래가 아님"(「반성」)을 알아야만 "빚"을 떠안지 않을 수가 있다. 기도의 언어가 채무 관계처럼 얽힐 때 신과 인간의 신뢰는 돈독해지기 어렵다.

마치 압정처럼 꽂혀 있는 민들레 한 송이
낮고 낮은 곳에
척박하고 비천한 바닥을 꽉 잡고 있었어요

…(중략)…

지구가 오늘은
바닥을 여기 내려놓고 갔지만
내일은 다른 곳으로 옮길 테니까요
별이 높은 곳에만 뜨란 법 있을까요

돌 틈에 뜬 별
별이 지면 홀씨 되어 푸,
후미진 땅끝까지 날아가
꽃을 나누러 피겠지요

—「돌 틈에 뜬 별」 부분

높고 낮음의 관계들을 자기중심으로 판가름하는 사고를 흔들어 놓는 시다. 낮은 곳에 임하는 자는 높은 곳에 무지한 자이기보다 전방위적인 방향 감각을 갖추었음을 시사한다. 낮은 곳을 발견하는 자는 우주로 확장하는 감각으로 그 낮은 곳이 말 그대로 낮은 곳이 아님을 알게 된 자다. "바닥을 낮은 곳"과 일치시키고 "공중을 높은 곳이라 하는" 발상은 자신의 위치에서 재단한 방향 감각이다. "원래 지구는 위아래가 없는 거"라는 구절에서 보듯이 우주에서 상하좌우의 위치 지정은 불가능하다. 자기중심 사유가 우리를 편협하게 만들지만 시인은 지구를 위아래가 없는 공간으로 보면서 우리의 사고를 지구 너

머로 이끈다. 우주 속에서 모든 공간은 상대적 위치일 뿐 고정 불변의 위치를 점하지 않는다는 사고로의 전환을 요청한다.

이렇게 낮은 곳에서 화자가 만나는 사람은 그가 "싫어하는 사람 모습"인 데다 "굶주리고 목마른" 모습을 하고 있다. 존경심이나 닮고자 하는 의지를 가질 수 없는 상대를 당신이라 부르며 가장 낮은 곳에 현현한 성자를 마주한다. 이는 세속의 인간으로서는 불가능한 실천이며 오직 신앙이라는 이름으로만 가능한 섬김의 자세다. 톨스토이가 『사람은 무엇으로 사는가』에서 관념적 사랑에 구체성을 입혀 곤궁한 자들에게서 성자를 발견한 것처럼 화자도 그렇게 한다. 그가 찾아 나선 당신은 비루한 외양의 세속인이며 직업은 천하기 그지없고 눈여겨볼 만한 아름다움의 가치라곤 없는 사람이다. 그런데도 그에게서 숭고미를 읽고, 존귀한 생명을 경건하게 대할 때에 일어나는 사랑의 마음을 자신에게서 확인하기에 이른다. "사랑할 수 있는 사람들/이웃으로 주심에 감사"하며, "시인의 가슴으로 살게 하심에 감사"(「감사한 것들」)할 수 있는 건 타자를 섬기는 마음과 사랑을 자신에게서 발견할 때 가능해진다. 때로 또 같이 당신과의 분리와 연합이 반복될지라도 화자의 삶은 한시도 당신의 영향권 밖에 놓인 적이 없다. 따라서 화자의 갈망이 변함없이 당신에게로 향하는 것은 당신이 지닌 진선미에 기꺼이 구속되고자 하고, 당신을 닮아가려는 마음의 발로라 할 수 있다.

문학의전당 시인선 375

당신에게 봄

ⓒ 이명덕

초판 1쇄 인쇄 2024년 2월 21일
초판 1쇄 발행 2024년 2월 29일
지은이 이명덕
펴낸이 고영
디자인 헤이존
펴낸곳 문학의전당
출판등록 제448–251002012000043호
주소 충북 단양군 적성면 도곡파랑로 178
전화 043–421–1977
전자우편 sbpoem@naver.com

ISBN 979–11–5896–632–4 03810